오줌

= 소변, 쉬, 맑은 연노란색 액체

몸으로 들어간 물기들은 콩팥(신장)을 거쳐 오줌보(방광)에 모였다가 오줌으로 나온다.
오줌은 몸속 수분을 조절하고, 건강한 피를 만드는 데에 중요한 역할을 한다.
생명체들은 더 이상 몸에 필요 없는 것들을 오줌, 똥, 땀, 날숨으로 없애기 때문이다.

지은이 페르닐라 스탈펠트

1962년 스웨덴의 외레브로에서 태어났어요. 대학에서 문화학과 예술학을 공부한 뒤에 박물관에서 어린이들에게 현대미술을 가르치는 일을 했습니다. 1997년부터 그림책 작가로 활동하면서 《죽으면 어떻게 돼요?》, 《세상으로 나온 똥》, 《두둘겨 패줄 거야!》 등 많은 그림책을 쓰고 그려서 엘사 베스코브 상 등의 어린이문학상을 받았어요. 2004년에는 동화책 《삐삐 롱스타킹》을 쓴 작가, 아스트리드 린드그렌을 추모하기 위해 스웨덴 정부가 제정한 국제아동문학상인 아스트리드 린드그렌 상을 받았습니다.

옮긴이 홍재웅

스웨덴의 스톡홀름대학교에서 공부해, 문학박사 학위를 받았어요. 지금은 한국외국어대학교에서 스웨덴어를 가르치고 있습니다. 스웨덴, 노르웨이, 덴마크 문학 작품들을 우리말로 옮겨서 책과 연극으로 북유럽 문화를 한국에 알리는 일에 힘 쏟고 있어요. 《나는 형제들에게 전화를 거네》, 《빨간 리본》, 《안톤, 난 네가 좋아!》 등을 우리말로 옮겼어요.

처음 철학 그림책 〈오줌〉 | 오줌에 관한 책

초판 1쇄 발행 2020년 6월 5일 초판 2쇄 발행 2021년 6월 5일
지은이 페르닐라 스탈펠트
옮긴이 홍재웅
펴낸이 송영민
펴낸곳 시금치
디자인 달뜸창작실
교정 교열 최은영, 송영민

펴낸곳 시금치 | 주소 서울시 마포구 잔다리로7길 18, 502호 | 전화 02-725-9401 | 팩시밀리 02-725-9403
전자우편 7259401@naver.com | 홈페이지 www.greenpub.co.kr | 페이스북 www.facebook.com/spinagebook
출판등록: 2002년 8월 5일 제300-2002-164호
ISBN 978-89-92371-70-4 74100
      978-89-92371-22-3(세트)74100

KISSBOKEN by PERNILLA STALFELT
© Pernilla Stalfelt
First published by Rabén & Sjögren, Sweden, in 2019
All rights reserved.
The Korean language edition is published by arrangement with Raben&Sjögren Agency,
Sweden through MOMO Agency, Seoul.

이 책의 한국어판 저작권은 모모 에이전시를 통해 Raben&Sjögren Agency 사와의 독점 계약으로 '도서출판 시금치'에 있습니다.
저작권법에 의해 한국 내에서 보호를 받는 저작물이므로 무단전재와 무단복제를 금합니다.

「이 도서의 국립중앙도서관 출판시도서목록(CIP)은 서지정보유통지원시스템 홈페이지(http://seoji.nl.go.kr)와
국가자료공동목록시스템(http://www.nl.go.kr/kolisnet)에서 이용하실 수 있습니다.(CIP제어번호: CIP2020017675)」

어린이 제품 안전특별법에 의한 제품 표시 | 제품명 오줌에 관한 책 | 제조국명 대한민국 | 제조자명 도서출판 시금치
전화번호 02-725-9401 | 주소 서울시 마포구 잔다리로7길 18, 502호 | 제조년월일 2021년 6월 5일 | 사용연령 36개월 이상

• 값은 뒤표지에 있습니다.
• 잘못 만들어진 책은 구입하신 서점에서 바꾸어 드립니다.

처음 철학 그림책
⋮
오줌

오줌에 관한 책

페르닐라 스탈펠트 글 그림 | 홍재웅 옮김

시금치

오줌 눌 곳을 찾다가…

오줌을 쌀 거 같았던 적 있니?

정말 중요한 순간이지.

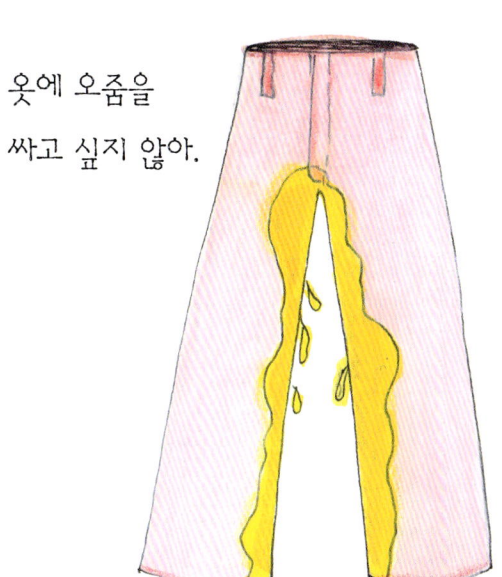

옷에 오줌을 싸고 싶지 않아.

아아아~ 안 돼!

더구나 연한 색 바지를 입고 있다면 말이야.

얼른 오줌 눌 곳을 찾아야 해.

요강 →

예를 들면 요강이나,
화장실이 좋겠지.

제일 간단해.

밖에서는 자유롭게 오줌을 눌 수 있어. 이렇게!

옷을 들어올리기만 하면 돼!

개는 거의 항상 밖에서 오줌을 누어. 말뚝 같은 곳에.

이런 거 본 적 있니?

개 명함:

오줌은 방울 같아.

오줌 방울

물방울

핏방울

눈송이를 닮은 꽃   코 스프레이   코

오줌은 흘러내릴 수 있어.

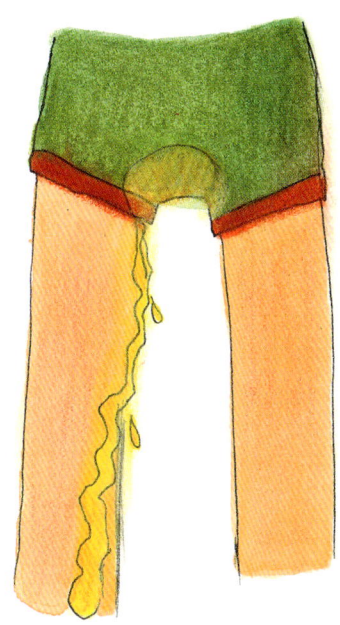

예를 들어
다리 아래로…

어떨 때는 세차게 줄줄줄…

마치 비처럼.

만약 지붕 위에서 오줌을 싼다면 말이야.
= 역겨움 주의

오줌은 여러 가지 모양의 꽃병에 담을 수 있어.

꽃병

요강

오줌은
사라질 수도 있어.

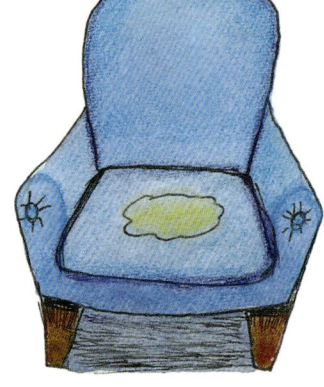

예를 들어 안락의자 속으로.
당연히 물도 내릴 수 없지.

오줌의 노란색은 여러 가지야.

물을 많이 마시면 오줌은 아주 옅은 노란색이 될 거야.

만약 오줌을 오래 참거나 물을 너무 적게 마시면,

반대로 오줌은 진한 노란색이 될 거야.

물을 적당히 마시면 보통 이런 색깔 오줌을 누어.

왜 오줌을 누어야 할까?

마시기 위해서일까?

몸속의 오줌길

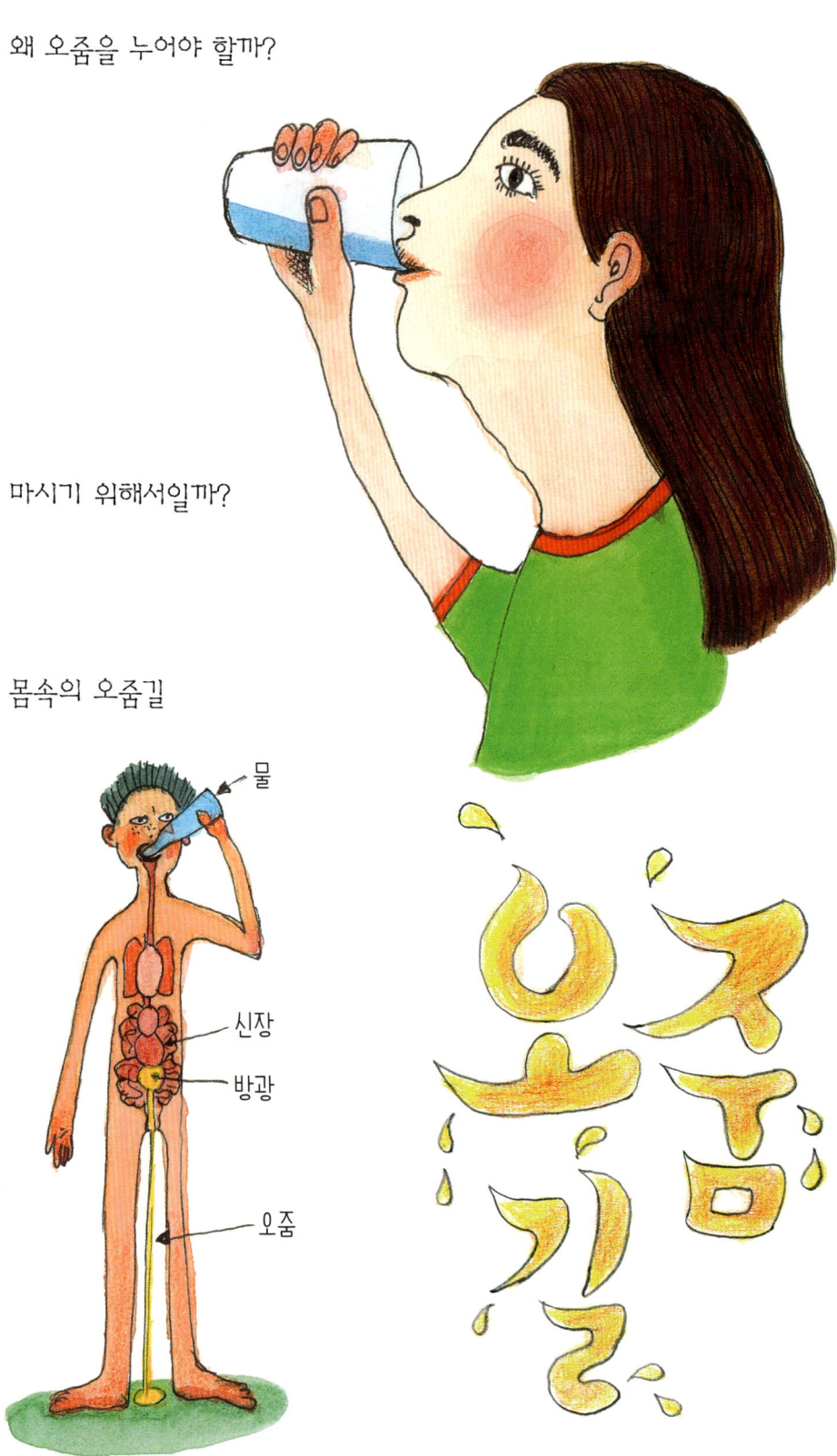

보통 하루에 여섯 번에서 일곱 번 오줌을 누어.

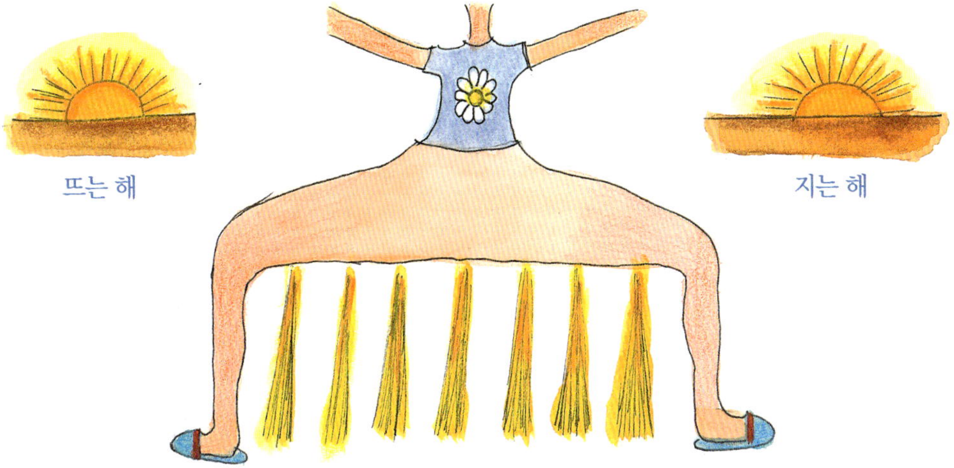

뜨는 해   지는 해

오줌 누는 데 걸리는 시간은 약 7초 정도야. 천천히 일곱까지 세어 보자!

더운 날에는
물을 많이 마시는 게
중요해.

30도

땀을 많이 흘리면
오줌을 적게 누거든.

오줌의 성분

95%

물이 이렇게 많이 차지해.
나머지는 노란색 노폐물이야.

사람도 오줌똥을 쌀까?

폭신폭신한 욕실 매트

그럴 수 있어!

개와 말은

오줌을 누거나 똥을 누어. 한 번에 한 가지씩!

똥을 싼다.

오줌을 싼다.

말은 발굽에 오줌을 묻히고 싶어 하지 않아.

배변 훈련 시키기 = 오줌 누는 곳은…

풀밭이나,

전용 화장실 모래에,

아니면 화장실.
나중에 휴지로 닦아.

고양이가 발을 씻는다면…

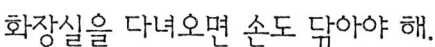

화장실을 다녀오면 손도 닦아야 해.

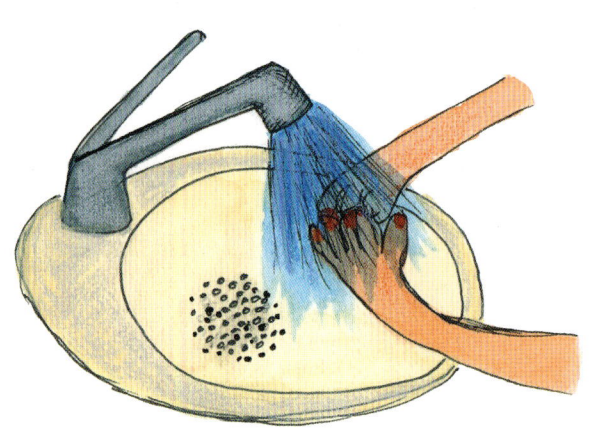

오줌을 누고 나서
닦으면
깨끗하겠지!

오줌 누는 곳을 잘못 찾을 수도 있어. 예를 들어 침대에서.

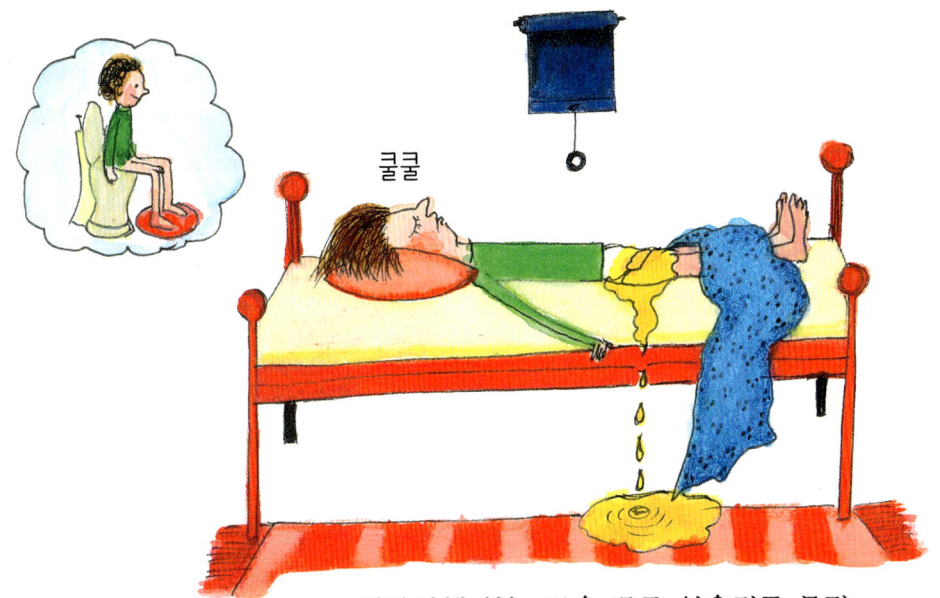

화장실에 있는 꿈을 꾸고 있을지도 몰라.

그러면 침대보와 잠옷을 세탁해야 해.

괜찮아.

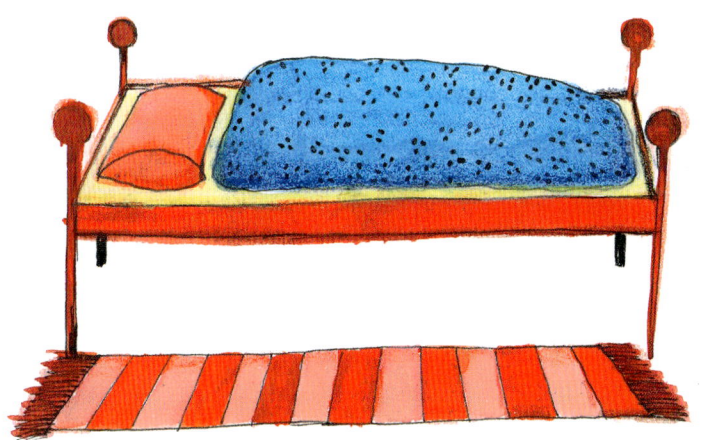

세탁해서 잘 말린 침대보로 바꾸면 깨끗하지.

자면서 걸어갈지도 몰라.

어쩌면 종이로 닦게 될지도 몰라.

기저귀를 찰 수도 있어.

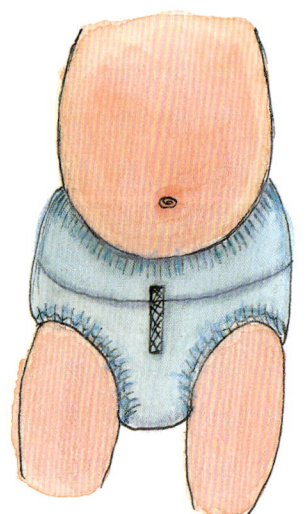

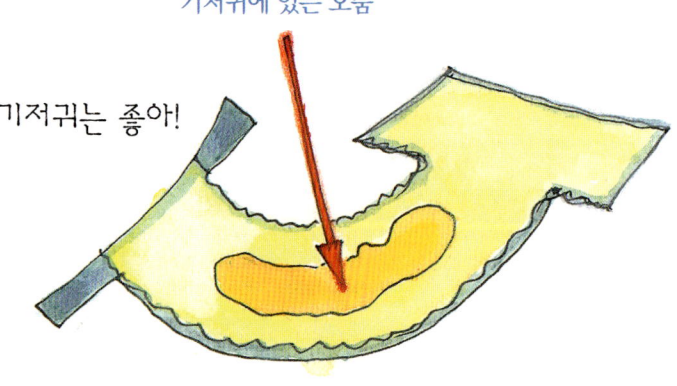

언제든 오줌을 눌 수 있지.

오래된 오줌은 냄새가 안 좋아.

예를 들면 신발에 고양이가 싸 놓은 오래된 오줌 같은 것.
왜 이렇게 냄새가 지독한 걸까?

오줌에서 생긴 세균 때문일까?

오줌 세균

오줌 구두

이렇게 생긴?

화장실이 없는 방에서 오줌을 누어야 한다면…

상상이 돼?

창문으로 오줌을
버리고 싶을 거야.

화장실 문이 잠겼다면…

나무 덤불에서 오줌을 눌 수도 있겠지.

정말 최악의 경우에는
고무장화에다가도!

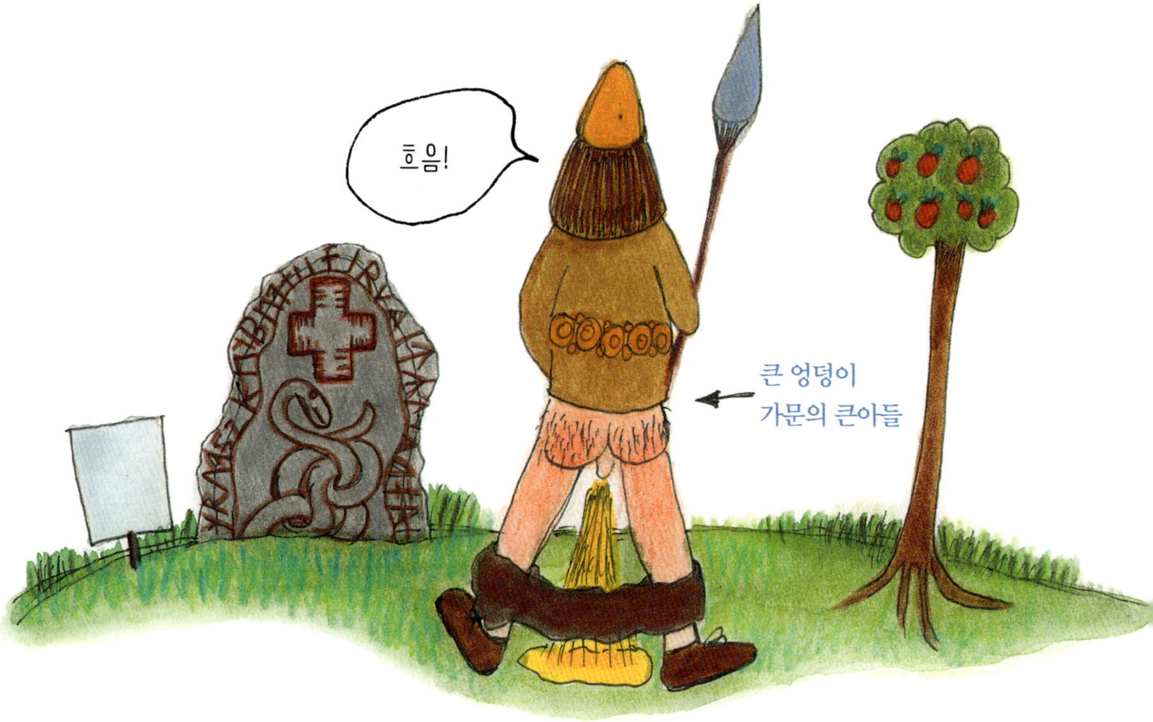

옛날 옛날에 사람들은
오줌과 똥을 가지고 싸움도 했어.

성안에 있던 사람들은
창을 들고 성으로 들어오려는
기사들의 머리에
오줌과 똥을 던졌을 거야.

아아아아아

안 돼

그다지 재미있는 일은 아니지!

달에 오줌을 싼 아이가 있어.

그 오줌은
우주를 돌아다닐 거야.

지구에 오줌을 싼 아이도 있어.

그 오줌은
땅속으로 내려가서
지구가 빨아들이지.

우리가 아는 노래를 오줌 노래로 바꾸어 부를 수 있어.

작은 별에 쉬야 해

작은 별에 쉬야 해, 어디서도 쉬야 해
기저귀와 침대에, 바지와 카페트에
작은 별에 쉬야 해, 마시고서 쉬야 해.